Taishukan Japanese Readers

Level
2

赤ずきんちゃん
あか

グリム童話より
ぐりむどうわ
NPO多言語多読 [再話・監修]
たげんごたどく さいわ かんしゅう
酒井 茜 [挿絵]
さかい あかね さしえ

大修館書店

むかし、あるところに女の子がいました。その女の子は、とてもかわいい子でした。女の子が大好きでした。おばあさんも女の子をとてもかわいいと思っていました。

おばあさんは、女の子に赤いずきんを作ってあげました。

女の子は、その赤いずきんがとても好きでした。毎日、そのずきんをかぶっていましたから、みんなは、この子を「赤ずきんちゃん」と呼びました。

ある日、おばあさんが病気になりました。お母さんは赤ずきんちゃんに言いました。

「赤ずきんちゃん、おばあさんは今、病気だから、これを持っていってね」

お母さんは赤ずきんちゃんに、お菓子とワインを渡しました。

赤ずきんちゃんは、

「はい、行ってきます」
と言いました。
お母さんは、また言いました。
「危ないから、知らない道に行ってはいけませんよ。それから、おばあさんに、『こんにちは』と言ってね」
「うん、大丈夫。私、上手にできるわ」
と、赤ずきんちゃんは言いました。

赤ずきんちゃんは、森に入っていきました。とてもいい天気です。小鳥が歌を歌っています。赤ずきんちゃんも歌を歌いながら、元気に歩いていきました。
すると、木の後ろから狼が出てきました。

「赤ずきんちゃん、こんにちは」

「こんにちは、狼さん」

狼は悪い動物です。でも、赤ずきんちゃんはそれを知りませんでしたから、明るく答えました。

「赤ずきんちゃん、どこへ行くの?」

「おばあちゃんの家よ」

「何を持っているの?」

「お菓子とワイン。おばあちゃんが病気だから持っていってあげるの」

「おばあさんの家はどこ?」

「これからもっと、もっと歩くの。赤いドアの家よ。後ろに大きな木が三本立っているから、すぐわかるわ」

狼は思いました。
——この女の子を食べたいなあ。子どもはおいしいぞ…。これからおばあさんの家へ行く？じゃあ、おばあさんもいっしょに…——
狼は、赤ずきんちゃんと歩きながら話しました。
「赤ずきんちゃん、あそこに花がたくさんあるよ！ほら、とてもきれいだよ」
赤ずきんちゃんは、きれいな花を見ました。

そして、
「わー、きれい！　私、おばあちゃんに、きれいな花を持っていってあげたいな。おばあちゃん、喜ぶわ」
と言って、花をとりに行きました。花を一つとると、また、もっときれいな花をとりたくなりました。そして、だんだん遠くへ行きました。
それを見て狼は、おばあさんの家へ急ぎました。そして、おばあさんの家の赤いドアの前に立ちました。
トントン

おばあさんが聞きました。
「だれ？」
狼は、かわいい声で言いました。
「私よ。赤ずきんよ。お菓子とワインを持ってきたのよ」
「赤ずきんちゃん、入ってきて。私は病気で起きることができないんだよ」
狼は、ドアを押して開けました。
そして、すぐ、ベッドのところへ行って、おばあさんを大きな口で食べました。

それから、おばあさんの服を着て、おばあさんの帽子をかぶって、おばあさんのベッドに入りました。

その頃、赤ずきんちゃんは、一生懸命、花をとっていました。たくさんとると、言いました。

「これでいいわ。早くおばあちゃんの家へ行きましょう」

赤ずきんちゃんが、おばあさんの家へ行くと、ドアが開いています。赤ずきんちゃんは、

——どうしたんだろう？——

と思いながら、中へ入りました。そして、大きな声で、

「こんにちは！」

と言いましたが、おばあさんは答えません。

赤ずきんちゃんはベッドのところへ行きました。おばあさんは帽子をかぶって寝ていました。赤ずきんちゃんは言いました。

「おばあちゃん、大丈夫? あれ、おばあちゃんの耳、どうしてそんなに大きいの?」

「赤ずきんちゃんの声をよく聞きたいからだよ」

「あれ、おばあちゃんの目、どうしてそんなに大きいの?」

「赤ずきんちゃんの顔をよく見たいからだよ」

「あれ、おばあちゃんの口、どうしてそんなに大きいの?」

「赤ずきんちゃんを食べたいからだよ」

こう言うと狼は、すぐベッドから出て、赤ずきんちゃんを食べました。おばあさんと赤ずきんちゃんを食べた狼は、眠くなって、またベッドに入りました。そして、

「グーグー」

と大きないびきをかきながら寝ました。

そのとき、猟師が家のそばを歩いていました。猟師は、森の動物を鉄砲でとる人です。猟師は、狼のいびきを聞いて言いました。

「大きないびきだなあ。おばあさん、

「どうしたんだろう？」

猟師が窓から家の中を見ると、ベッドには、おばあさんではなくて狼が寝ていました。

「あ、狼だ！ここにいたのか。あ、おなかが大きいぞ。おばあさんを食べたな！」

猟師は家の中に入ると、鉄砲を置いて、テーブルの上のはさみをとりました。そして、寝ている狼のおなかを切りました。

ジョキジョキ
ジョキジョキ

少し切ると、赤いずきんが見えました。

また、もう少し切ると、女の子が出てきました。
「ああ、びっくりした。おなかの中はとても暗かったわ」
その後、おばあさんも出てきました。おばあさんは、とても疲れていました。
赤ずきんちゃんは大きな石をたくさん持ってきました。猟師は、その石を狼のおなかの中に入れました。狼は、びっくりして起きました。
そして、ベッドから下りましたが、おなかが重くて立つことができません。
狼は死にました。三人は喜びました。

おばあさんは、赤ずきんちゃんの持ってきたお菓子を食べて、ワインを飲んで元気になりました。

赤ずきんちゃんは言いました。

「これからは、知らない道には行かないわ」

そして、歌を歌いながら元気に家へ帰りました。

［監修者紹介］

NPO多言語多読（エヌピーオー　たげんごたどく）

2002年に日本語教師有志が「日本語多読研究会」を設立し、日本語学習者のための多読用読みものの作成を開始した。2012年「NPO多言語多読」と名称を変更し、日本語だけでなく、英語、韓国語など、外国語を身につけたい人や、それを指導する人たちに「多読」を提案し、支援を続けている。http://tadoku.org/

主な監修書：『にほんご多読ブックス』vol. 1～10（大修館書店）、『レベル別日本語多読ライブラリー にほんご よむよむ文庫』スタート、レベル０～４（それぞれ vol. 1～3）、『日本語教師のための多読授業入門』（ともにアスク出版）、『日本語多読 上下巻』（WEB JAPANESE BOOKS）

＊ この本を朗読した音声は、NPO多言語多読のウェブサイトからダウンロードできます。https://tadoku.org/japanese/audio-downloads/tjr/#audiodownload-01

〈にほんご多読ブックス〉vol. 1-7

赤ずきんちゃん
© NPO Tadoku Supporters, 2016　　　　　　　　NDC817／15 p／21 cm

初版第1刷——2016年6月10日
第2刷——2024年5月1日

監修者————NPO多言語多読
発行者————鈴木一行
発行所————株式会社 大修館書店
　　　　〒113-8541　東京都文京区湯島2-1-1
　　　　電話　03-3868-2651（販売部）　03-3868-2290（編集部）
　　　　振替　00190-7-40504
　　　　［出版情報］　https://www.taishukan.co.jp

イラスト————酒井茜
表紙組版————明昌堂
印刷・製本所—壮光舎印刷

ISBN978-4-469-22249-4　　Printed in Japan

Ⓡ 本書のコピー、スキャン、デジタル化等の無断複製は著作権法上での例外を除き禁じられています。本書を代行業者等の第三者に依頼してスキャンやデジタル化することは、たとえ個人や家庭内での利用であっても著作権法上認められておりません。